$\overset{27}{L}n$ 19403.

HISTOIRE
D'AGATHE TAVET
LA MÈRE DES SOLDATS.

HISTOIRE

D'AGATHE TAVET

LA MÈRE DES SOLDATS.

LYON.

IMPRIMERIE D'AIMÉ VINGTRINIER,
Quai Saint-Antoine, 36.

—

1856.

HISTOIRE
D'AGATHE TAVET

LA MÈRE DES SOLDATS.

Ce n'est point un roman que nous entreprenons d'écrire, ce n'est pas un conte fait à plaisir, et rempli de ces faits extraordinaires qui causent l'émotion comme les publications qu'on met au jour pour amuser et pervertir la jeunesse.

C'est l'histoire vraie, bien vraie, d'une brave fille que nous avons connue pendant bien des années. Nous avons admiré son caractère, son extrême obligeance, sa charité qui ne s'est jamais démentie. C'est avec plaisir que nous nous rappelons son amitié pour nous et les bons conseils qu'elle nous a si souvent donnés, commençons :

Agathe Tavet est née le 6 février 1778, à Saint-Vulbas, canton de Lagnieu, département de l'Ain; sa mère était une brave veuve, très-pieuse, qui confia sa fille agée de 8 ans à de bonnes filles nommées Bazin qui restaient à Lyon, dans la paroisse de Saint-Polycarpe, et qui lui apprirent leur état de dévideuse de soie ; elles s'occupèrent surtout à l'instruire de la religion dans un moment où l'on aurait voulu anéantir Dieu et ses lois saintes. Ces braves filles lui apprirent son catéchisme, et formèrent son cœur à la vertu ; elle répondit parfaitement aux bonnes leçons de ses pieuses maîtresses, elle devint si raisonnable et en même temps si avenante qu'elle gagnait l'affection de tous ceux qui la voyaient.

On était encore dans les temps de terreur, les ouvriers en soie manquaient d'ouvrage, et les bonnes demoiselles Bazin songèrent à chercher une place de domestique à leur chère Agathe âgée alors de 17 ans.

Sa physionomie était modeste, douce, fraîche et gracieuse ; elle plaisait avec son air simple et bienveillant ; elle inspirait la confiance et l'amitié ; elle n'avait point l'étourderie des filles de son âge, mais elle avait une gaîté aimable qui faisait qu'on était content d'être avec elle.

Ses maitresses la placèrent chez M*me* Vasse de Roquemont qui était une dame d'une grande piété, et qui jouissait de beaucoup de considération. Elle comprit bientôt les bonnes qualités de sa jeune femme de chambre, et se plaisait à développer en elle toutes les vertus que notre sainte fille a si bien pratiquées depuis. Voici les renseignements que Mme Haste, fille de Mme de Roquemont, nous a donnés sur Agathe quand elle est entrée chez elle.

Sans être très-jolie elle avait quelque chose de gracieux et de prévenant ; sa figure épanouie charmait tous ceux qui la voyaient ; elle était toujours de belle humeur ; elle n'avait d'autre prétention que de bien remplir tous ses devoirs. Elle avait les bras et les mains d'une vierge de Raphael, mais le service qu'elle faisait fit bientôt disparaitre cette beauté, dont elle n'eut jamais la plus petite vanité. Le premier hiver, cette peau fine éclata de manière à faire sortir le sang de ses doigts enflés par les angelures et les crevasses ; elle n'en fit pas moins bien sa besogne en chantant et priant. Déjà elle se trouvait heureuse d'avoir à offrir quelques souffrances à celui qui a tant souffert pour nous.

Elle employait parfaitement son temps pour le service de ses maîtres, et dès qu'elle avait quelques instants de répit, elle les employait à s'instruire et tâchait de se trouver au moment où Mlle de Roquemont et ses cousines, avec une amie, prenaient des leçons d'une bonne demoiselle Guillard qui était fort instruite; là elle apprit sans qu'on s'occupât d'elle, à écrire et à compter; elle voulait savoir, et comme elle était très-appliquée, elle profita bien des leçons qu'elle voyait donner aux autres jeunes filles. Elle travaillait aussi beaucoup pour le service de ses maîtres, au blanchissage et au raccommodage, au repassage; l'ouvrage ne lui manquait pas; elle avait encore à soigner un petit garçon, frère de Mme Haste, pour lequel elle était une bonne vigilante et empressée. Elle était à la disposition de tout le monde avec sa bonne grâce, jamais un instant de mauvaise humeur, recevant les observations et les réprimandes avec douceur et soumission. Si on la grondait d'avoir oublié une des nombreuses choses qu'on lui avait commandées, elle s'excusait doucement, et pleurait tant qu'elle désarmait sa maîtresse qui se connaissait en belles âmes; elle avait compris le bon caractère et les vertus de cette jeune fille, qui avait le germe de tout ce qui mène à la perfection; elle était sans cesse occupée à trouver des moyens pour venir au secours des pauvres, des malheureux. Elle instruisait sa maîtresse de leur grande misère, et réclamait telle ou telle chose qu'on ne mangerait pas dans la maison, et qui ferait tant de bien, tant de profit dans tel ou tel ménage manquant de tout, ce qui lui procurait l'occasion, que jamais elle ne manquait, de parler du bon Dieu, et d'engager à avoir recours à celui qui ne sait rien refuser à l'humble et ardente prière. La vie des saints martyrs était sa lecture favorite ; elle regrettait vivement de ne pas souffrir pour la foi, pour le prochain. Elle désirait le martyre et elle avait à en subir un bien rude tous les jours. Elle vivait avec une méchante cuisinière qui la contrariait sur tous les points, et qui inventait toutes sortes de mensonges pour la faire gronder et renvoyer. Agathe supportait ces injutices et ces méchancetés sans se plaindre ; au contraire elle l'aidait souvent à faire son ouvrage, ce qui rendait la méchante encore plus exaspérée. Un jour, dans sa fureur elle, voulut l'écraser entre une porte et la muraille. Par bonheur M\u1D63 de Roquemont qui arrivait, eut le temps d'avancer son bras pour retenir la porte et empêcher Agathe d'avoir la tête brisée. Il fut outré de cette mauvaise action de la cuisinière qui fut renvoyée de suite.

Quelques années plus tard Agathe vit arriver

à l'hopital son antagoniste; elle lui offrit tous ses services; chaque dimanche elle s'informait de son état. Cette fille poussait des gémissements affreux, elle souffrait d'un mal long et douloureux, elle avait reconnu Agathe qu'elle avait si souvent maltraitée, et elle ne pouvait croire qu'elle eût oublié la méchanceté dont elle avait tant usé envers elle. Les offres de service qu'elle lui faisait étaient pour elle un reproche, un remords; cette fille si méchante était délaissée de ses parents, elle n'avait point d'amis, elle se plaignait constamment. Agathe la consolait et tâchait de se rendre si nécessaire qu'elle fléchit ce cœur dur; elle y fit naître la confiance, l'amour de Dieu. C'était l'ange consolateur qui calme la souffrance; l'espérance revint au cœur de cette fille, elle accepta avec résignation ses douleurs en expiation de ses fautes, elle termina sa triste vie réconciliée avec le ciel, avec le prochain, avec elle-même, en bénissant et remerciant Agathe qui avait été si bonne pour elle.

Agathe avait demandé la permission de porter la soupe aux prisonniers tous les dimanches. Elle s'enrôla dans la Société des *Charlottes* qui font encore le service des prisons. Elle allait à la messe de cinq heures, c'était un désespoir quand on voulait l'empêcher de se lever si matin. Elle se couchait habituellement à onze heures ou minuit ; la journée n'était pas assez longue pour tout ce qu'elle avait à faire au dedans et au dehors; elle voulait obliger et servir tout le monde. Il fallait se fâcher pour qu'elle ne lavât pas tous les jours la vaisselle de la cuisinière. Elle s'imposait des privations de toute espèce, elle était très-sobre et ne mangeait que ce que les autres ne voulaient pas ; c'était toujours trop bon pour elle, et quand elle pouvait donner ce qu'elle avait de meilleur, elle était contente ; elle avait toujours à la pensée les pauvres et les malades ; elle n'oubliait pas sa pauvre mère et sa famille ; elle a fait pour eux tout ce qu'elle à pu afin de les aider. Elle faisait du bien à tout le monde.

Du temps de Bonaparte, premier consul, on faisait des remblais à Perrache pour occuper les ouvriers et assainir le quartier qui était très-marécageux. On prenait du gravier dans le Rhône, des voituriers l'amenaient, et les ouvriers en remplissaient des corbeilles qu'ils allaient vider pour combler les trous profonds qui étaient pleins d'eau. Un voiturier, en frappant brusquement son cheval pour le faire tourner, fit tomber une fille qui reçut une forte blessure à la tête. Elle avait beaucoup de mal, et l'on fit un procès-verbal ; il fut dit que la malheureuse fille recevrait un dédommagement. L'entrepreneur ne voulait rien payer, il eut recours à un charlatan qui lui fournit le moyen de faire fermer la plaie bien promptement. La pauvre fille souffrait tant qu'on la mit à l'hopital où elle poussait des cris aigus, en portant la main sur sa tête et criant continuellement : C'est là, là, je suis assommée ! c'est là, là ! et ses cris redoublaient. Agathe en eut pitié, elle sut qu'on devait juger l'affaire au tribunal; la pauvre malade n'avait personne pour prendre ses intérêts et lui faire rendre justice. Agathe va à l'audience, le charretier et son défenseur prétendirent qu'il n'y avait point de mal, qu'il n'y avait point de plaies et qu'il n'y avait pas lieu de demander des dédommagements. La pauvre fille n'avait point d'avocat pour la défendre, elle était devenue folle et ne savait plus que souffrir et crier... Agathe s'avance, elle n'est pas intimidée, c'est elle, pauvre brave fille, qui défendra la malheureuse infirme. Dieu la soutiendra, elle l'invoque il l'inspire : « Comment ? dit elle, dans tous ces Messieurs, il ne s'en trouvera pas un qui prenne à cœur la triste position de cette pauvre fille ? Attendez, je vais la chercher. » En effet, elle prend un fiacre, y place la malheureuse et l'améne, non sans beaucoup de peine, à l'audience : Voyez, Messieurs les juges, leur dit-elle ; cette pauvre fille est folle, et jamais elle ne pourra gagner sa vie. Elle a perdu la tête à la suite d'une atroce combinaison de cupidité, et l'on veut en imposer à la justice ; elle n'aura donc pour faire entendre ses plaintes que la voix d'une autre pauvre fille comme elle. » Un brave avocat s'approcha d'elle, lui demande son nom, et son adresse en ajoutant « Venez chez moi, je me charge d'être l'avocat de cette pauvre fille. » Il tint parole et fit obtenir une indemnité qui permit aux parents de cette malheureuse de lui donner les soins qui étaient nécessaires dans sa triste position.

Monsieur et Madame de Roquemont quittèrent la ville pour se retirer à Terre-neuve, leur campagne, territoire des Massuts. Agathe ne voulut pas les suivre, il lui restait trop de bien à faire à ses pauvres de Lyon.

Cependant la séparation d'Agathe avec ses chers maîtres fut douloureuse de part et d'autre; la maîtresse quittait sa fidèle femme de chambre avec tant de chagrin qu'elle avait de la peine à s'accoutumer à la campagne, privée des soins de cette bonne fille dont la compagnie lui était si utile et si agréable; c'était comme une enfant qu'elle perdait, mais elle lui conservait son affection et ses confidences ; elle comprenait bien que son Agathe ne la quittait que pour travailler entièrement à la vigne du Seigneur. Une fois celle-ci libre d'elle-même, sa vie fut toute consacrée aux bonnes œuvres. Monsieur de Roquemont, avant de se séparer d'Agathe, voulut lui assurer quelques ressources pour l'avenir dont elle ne prenait aucun souci ; elle était si charitable qu'elle donnait volontiers tout ce qu'elle avait ; on voulut lui conserver une ressource pour sa vieillesse et l'on avait placé ses gages chez un propriétaire du Dauphiné, qui pendant près de trente ans venait régulièrement lui apporter les intérêts de ce qu'il lui devait, et chaque fois il avait soin de dire qu'il était malheureux, qu'il ne vendait pas ses récoltes, qu'il avait éprouvé des revers, qu'il était très-gêné, qu'il avait bien dépensé pour venir à Lyon et qu'il ne lui restait que juste ce qui lui fallait pour s'en retourner, et jamais il ne lui donnait rien ; plusieurs fois même il avait prié Agathe, dont il connaissait la trop confiante charité, de vouloir bien lui prêter quelque argent, disant qu'il le porterait sur son billet ; la bonne fille se privait de tout pour lui donner ce qu'il demandait.

Le vieux propriétaire vint à mourir après avoir marié ses deux filles à deux hommes très-avares, et très-ambitieux ; ils voulaient ne rien donner à Agathe sur la créance de leur beau-père ; ils vinrent donc lui dire qu'elle ne devait pas s'attendre qu'ils lui rendissent son argent, qu'elle était bien *dévote*, et qu'il y avait assez longtemps qu'elle retirait des intérêts de cette somme, qu'il y avait près de trente ans et que le capital devait leur appartenir.

Agathe leur dit: voyez mon billet, il est chargé de plusieurs petites sommes que j'ai depuis prêtées à votre beau-père, et jamais il ne m'a rien donné. Mais eux pensèrent qu'elle n'oserait pas défendre ses intérêts ; une personne s'en chargea volontiers, elle connaissait parfaitement l'affaire, elle fit les démarches nécessaires; nous devons dire que les deux femmes de ces messieurs du Dauphiné n'approuvaient pas la conduite déloyale de leurs maris. Vainement elles les avaient priés de ne pas faire d'injustice, que le bon Dieu les punirait si ils faisaient tort à cette brave fille qui avait toujours laissé son argent chez leur père, ils ne voulaient rien entendre et voulurent plaider. Ils furent contraints à rembourser le capital et une partie des intérêts, car la bonne Agathe ne voulut pas tout exiger, et quand elle reçut son argent elle fit deux parts des intérêts dont elle fit cadeau aux deux filles de son emprunteur, parce qu'elle savait que leurs maris, très-avares, et très-sévères ne leur donnaient pas d'argent.

Agathe avait repris son premier état, elle dévidait de la soie, juste pour gâgner le pain de chaque jour et aider les pauvres malheureux

On abusait souvent de sa bonté, de sa charité; on lui disait qu'on manquait de tout, qu'on avait faim et la brave fille cédait avec joie

la soupe qu'elle venait de préparer pour son
dîner, on la goûtait, on la trouvait trop maigre,
on lui disait qu'on ne pouvait pas manger parce
qu'on avait l'estomac trop dérangé par la priva-
tion de nourriture, on exploitait sa charité de
toutes les manières, mais on n'en voyait jamais
la fin; elle consacrait sa vie à soulager toutes
les misères, toutes les douleurs, à veiller les
malades, à consoler les malheureux; elle les
recherchait partout. En sortant de grand matin
elle avait remarqué un pauvre homme couvert
de haillons; il était maigre, triste, il n'avait
pas d'autre emploi que de remplir les bennes ou
bachuts des marchandes de poissons; il n'osait
pas sortir le jour faute de vêtements. Il logeait
dans un grenier avec une malheureuse femme,
pauvre comme lui; ils n'avaient pas eu de quoi
payer un contrat de mariage, et ils vivaient
tous deux, gémissant sur leur grande misère,

déplorant leur malheureux sort; Agathe va les visiter, leur donner des consolations, de l'espérance, elle les engage à changer de vie, les instruit de leurs devoirs de religion, leur donne des vêtements pour qu'ils puissent aller à l'église, assister aux offices, écouter les instructions. Ils furent dociles à ses avis; elle fit venir leurs papiers de leur pays, les fit marier. Leur vie fut entièrement changée; le mari, plus content, prit une physionomie moins sauvage, il n'inspirait plus la défiance, il fit des commissions qui lui donnèrent un peu d'aisance, la femme put trouver des ouvrages en couture et quelques journées; le bonheur s'établit avec la religion dans ce ménage autrefois si triste. Agathe eut la joie de voir ses protégés persévérer dans la piété, dans la vertu; eux, remerciaient Dieu tous les jours de leur avoir envoyé une sainte qui les avait mis dans la voie du salut.

Agathe visitait les malades à l'hôpital ; elle leur donnait des soins, des consolations de toute espèce, des instructions ; elle leur procurait du linge, des bas, des souliers, des bonnets, tout ce dont ils avaient besoin, et, quand les malades s'en allaient dans leur pays, pour supporter leurs membres douloureux, elle leur donnait des coussins qu'elle faisait avec la laine de ses matelas ; elle fut réduite à coucher sur la paille, on voulait la plaindre, elle répondait en riant. « J'y dors si bien et ces pauvres gens souffraient tant ! Ce sont eux qu'il faut plaindre, moi je suis très-bien, j'ai une si bonne santé ! » En effet elle n'était jamais malade malgré la peine qu'elle prenait tous les jours pour veiller les souffrants, soigner leurs ménages, faire des courses, porter des paquets ; elle était toujours au service de tout le monde. Elle visitait les prisons, exhortait les prisonniers à la patience, remontait leur courage abattu, leur rendait mille petits services et leur procurait tous les secours dont ils avaient besoin.

Du temps du premier Empire, la guerre était allumée partout ; on amenait à Lyon beaucoup de soldats qui avaient déserté, ou des jeunes gens des montagnes qui n'avaient pas voulu rejoindre leurs régiments. Ces malheureux se cachaient dans les bois, on les appelait réfractaires. Les gendarmes les traquaient partout, on les amenait la chaîne au cou ; souvent ils venaient de loin, ils étaient mal vêtus, mal chaussés et quelquefois pieds nus ; ils marchaient avec peine, et pour les faire avancer, on tirait les chaînes qui souvent blessaient les pauvres malheureux ; ils étaient dans un état pitoyable quand ils arrivaient en prison. Notre Agathe leur rendait tous les bons offices qui étaient en son pouvoir. Elle avait imaginé de leur faire faire une espèce de colier ou cravate avec des débris de vieille soie. C'étaient des choses qui ne pouvaient servir à rien, c'était doux sur la peau, et ne craignait pas le sale. La voilà donc à la recherche de toutes ces vieilleries jusqu'alors inutiles, elle quêtait partout, et elle rapportait une grande quantité de ces chiffons pour faire ses coliers.

Dans ses visites aux malheureux, Agathe avait rencontré une pauvre fille aveugle qui gémissait constamment sur sa misère et sur les privations qu'elle endurait; elle ne faisait rien parce qu'elle n'y voyait pas; elle ne savait rien faire que se plaindre continuellement. On lui donnait bien le pain de la charité, mais elle prenait du tabac et n'avait pas d'argent pour en acheter. Agathe l'engage à la patience et lui promet de l'ouvrage; il faut travailler et prier, cela rend la vie plus douce, plus heureuse, le temps ne lui durera pas quand elle s'occupera ; mais à quoi quand on n'y voit rien ? Elle ne peut tourner une roue de mécanique ne pouvant se tenir longtemps droite sur ses jambes.

Agathe apporte à l'aveugle une grosse aiguille *i grec* dont le trou allongé est très-grand et très-facile à enfiler. Elle porte du fil tressé, et fait toucher à l'aveugle le trou de l'aiguille et lui apprend à enfiler son fil ; ce fut long avant de réussir, mais l'aveugle eut une grande joie quand elle en fut venue à bout. Alors Agathe lui donna une petite planche sur ses genoux, des ciseaux accrochés à son côté, lui mit entre les mains des morceaux de vieille soie, lui en fît couper des bouts de la longueur nécessaire pour faire le tour du cou ; elle fait mettre les morceaux les plus mauvais pour redoubler celui qui est sur la petite planche ; mettre une épingle à chaque bout du colier, coudre et piquer à grands points pour maintenir le tout, ajouter à chaque extrémité une petite chevilière, ou lisière d'étoffe. Elle donne à l'aveugle un sou par colier. Celle-ci finit par en faire six par jour, et cette pauvre fille qui n'avait jamais eu d'argent, se trouvait bien heureuse de gagner tous les jours de quoi acheter du tabac, un peu de vin, quelquefois du café au lait; les jours lui semblaient courts à présent qu'elle pouvait les bien employer; elle les avait trouvés si longs et si tristes pendant qu'elle ne savait à quoi s'occuper !

Quand les gendarmes venaient à la prison prendre les jeunes gens qu'ils devaient emmener pour leur faire rejoindre le lieu de leur garnison, Agathe était là, avec ses provisions de coliers; elle disait avec son air gracieux: « Messieurs les gendarmes, au nom du bon Dieu, au nom de l'humanité, permettez-moi de mettre sous

ces coliers de fer, ces petits coliers de soie. »
On la repoussait, on disait que c'était défendu, qu'elle faisait perdre du temps, on se fâchait contre elle, mais elle répondait en souriant : « Oh! Messieurs les gendarmes, je suis bien sûre que vous êtes bons, compatissants » et on lui laissait accomplir son ministère de charité. Elle donnait du linge et des souliers à ceux qui en avaient trop besoin, et les pauvres conscrits devenus soldats se sont rappelés, avec reconnaissance, la bonne Agathe qui leur avait rendu tant de services, qui leur donnait de si bons conseils, qui les mettait sous la protection de la sainte Vierge. Elle les exortait à être toujours sages, pieux, à fuir les mauvaises compagnies, qui nous font faire des sottises, et souvent compromettent la réputation. « Mes amis, leur disait-elle, vous avez bien du chagrin de quitter le pays, d'être éloignés de vos mères : voilà

Marie, mère de Jésus-Christ, la mère de tous les chrétiens, priez-la bien, aimez-la, elle vous protègera, soyez-en sûrs. Voilà une médaille qui vous servira à vous rappeler vos devoirs, soyez fidèles et ne craignez rien, mais évitez les mauvais sujets, les ivrognes, les querelles. » Elle leur parlait des saints qui ont été soldats, et dont les noms sont vénérés : ils ont conquis la véritable gloire, en combattant ; ils ont gagné le ciel en pratiquant les vertus chrétiennes. Ayant remarqué que l'oisiveté était souvent cause des fautes graves pour lesquelles les soldats se faisaient punir, elle prend la résolution de les occuper. Elle fait un billet adressé à Messieurs *les militaires* « à ceux qui aiment à
« s'instruire, à ceux qui aiment les voyages et
« qui sont obligés de rester au corps de garde
« pour faire leur *faction* ; voici des livres in-
« téressants qui les préserveront de l'ennui,

« qui leur feront trouver le temps moins long,
« et qui leur feront éviter la salle de police ou
« l'on arrive par la route de l'oisiveté et du
« désœuvrement. Agathe Tavet prête des livres
« grâtis à Messieurs les militaires, à côté l'église
« de Fourvière, dans le petit passage n° 2. »

Elle porte un paquet composé de quelques bons livres, d'histoires édifiantes, et une douzaine de cahiers de la *Propagation de la foi*; elle arrive au fort St Irénée et offre aux militaires ses livres et son billet: bientôt chacun prend un livre; un officier arrive qui demande comment on s'est procuré tous ces ouvrages.

— « C'est une demoiselle qui les a apportés, et voilà le billet qu'elle a donné. » L'officier à qui le temps durait, fut très-content d'avoir quelque chose à lire. Il envoie trois soldats pour chercher des livres chez Agathe; elle ne put s'empêcher de rire en leur donnant sa petite bibliothèque qui ne pouvait pas seulement charger un homme.

Alors elle eut l'idée de s'associer des dames, des messieurs, des enfants, de braves ouvriers et des domestiques qui, moyennant *cinq centimes* par mois, auraient part à la bonne œuvre qui commençait sous les auspices de M. l'abbé Duffet ; celui-ci mit beaucoup de zèle à former et à encourager la Société, avec M. Marion tous deux résidants à Fourvière. Ces Messieurs eurent bientôt la confiance des militaires que notre Agathe encourageait à s'instruire, à remplir leurs devoirs de bons chrétiens. Grâce à leurs soins, et aux instructions de notre sainte fille qui leur faisait apprendre leur catéchisme, plus de *mille* soldats ont fait leur première communion.

On donnait beaucoup de livres à Agathe pour sa bibliothèque ; de petites histoires édifiantes, des livres de piété, de voyages; enfin pour les plus savants des ouvrages de différentes sciences.

Alors de tous côtés on venait rendre les livres qu'on avait lus et on les changeait contre d'autres ; de toutes les casernes, de tous les forts on venait à Fourvière prendre des livres, et des conseils.

Les officiers ne tardèrent pas à s'apercevoir combien l'esprit des militaires avait gagné à ces bonnes lectures, comme ils avaient changé en bien. Ces hommes en devenant pieux remplissaient franchement leurs devoirs. En vue de Dieu, il n'y avait presque plus de querelles entre eux, plus de ces désordres de garnison; les chefs en étaient surpris, et fort contents de voir le bon esprit du régiment. Les soldats écrivaient à Agathe quand ils avaient quitté Lyon, ils la remerciaient de ses soins maternels, de ses bons conseils, ils lui demandaient son avis sur ce qu'ils devaient faire après leur sortie du régiment. Nous avons beaucoup de ces lettres qui prouvent la confiance et l'affection de ces braves! quelle vénération ils avaient pour elle! quelle reconnaissance elle leur avait inspirée! On lui écrivait de Paris, et de toutes les villes de France, d'Alger, des différentes provinces d'Afrique, et des autres pays éloignés; les missionnaires de l'Océanie, les évêques ne dédaignaient pas d'entretenir des correspondances avec elle; si nous les mettions au jour elles causeraient beaucoup d'admiration et d'édification.

Agathe s'occupait continuellement du salut du prochain. Déjà, lors du grand jubilé, elle prit la résolution de se consacrer à la recherche des pécheurs endurcis, et de les instruire, de les convertir : cette tâche était difficile, mais elle s'adresse au bon Dieu, elle le prie de l'inspirer, et de toucher les cœurs de tous les malheureux qui se sont éloignés de leurs devoirs. Elle prie le Seigneur de répandre ses grâces sur ses travaux et l'on vit grand nombre de gens très-indifférents, très-peu dévots, remplir les conditions nécessaires pour gagner les indulgences du jubilé ; son zèle fit des prodiges. Un jour on lui dit qu'il y avait une vieille femme de quatre vingt quatre ans, de très-mauvaise réputation et très-méchante qui se moquait de la religion, de ses pratiques et de ses ministres. Cette malheureuse femme était difficile à vivre avec le prochain ; elle tenait des propos libres, elle était railleuse et mauvaise, exigeante et ne permettait à personne de lui parler du bon Dieu. Agathe demande au Seigneur de l'inspirer, et de toucher le cœur de cette vieille pécheresse qui dès qu'elle la vit entrer voulut la déconcerter par ses railleries. Après bien des explications la femme lui dit: « Que venez-vous donc me chanter? ce n'est pas à mon âge qu'on apprend le catéchisme, j'ai oublié tout cela depuis longtemps ». — « Ma chère dame, lui dit Agathe avec bonté, Dieu m'envoie près de vous, afin de vous rappeler vos devoirs de chrétienne ; plus il y a de temps que vous les avez oubliés, plus le temps presse de les rappeler à votre mémoire. Souvenez-vous que vous avez été baptisée, que vous êtes chrétienne, que vous avez fait votre première communion; vous étiez bien heureuse ce jour là; vous avez renouvelé les vœux de votre baptême, et promis au bon Dieu et à la Vierge Marie que vous suivriez fidèlement les enseignements de l'Église, que vous fréquenteriez les sacrements ». La vieille se moquait, et répétait : « Sornettes, sornettes que tout cela ». A la fin elle dit: « Vous avez donc bien du temps à perdre que vous venez exprès pour me convertir? Oh je me confesse bien, voyez-vous, aux pères tilleuls de Belle-Cour; c'est le plus gros, le plus vieux qui a ma confiance, depuis soixante cinq ans il connait toute mes fredaines..»

Agathe lui répondit ; « Vous êtes bien vieille, ma chère Dame, et vous ne pensez pas que Dieu vous demandera bientôt compte de toute votre vie. Si vous mourez dans les mauvaises dispositions où vous avez vécu, le gros père Tilleul ne pourra servir qu'à entretenir le feu de l'enfer que vos passions ont allumé. Croyez moi, réfléchissez bien, et convenez que vous ne voudriez pas mourir comme vous avez vécu». La vieille fût troublée et répondit: — « Mais j'en ai trop fait, il n'y a plus de pardon pour moi; j'ai trop souvent offensé Dieu. » Agathe lui répondit: — « Il est si bon, si miséricordieux qu'il est mort pour nous sauver tous; son sang a coulé pour laver et effacer nos péchés, et rendre à notre âme la robe blanche qu'il faut avoir pour entrer au paradis ». La vieille se mit à pleurer, et Agathe à l'embrasser. — « Ma chère amie, dit la vieille femme, vous me changez entièrement ; croyez vous réellement que je puisse encore espérer mon salut ? Faites vite venir un prêtre, et si je pouvais avoir le bonheur d'être réconciliée avant de mourir, je vous aurais une grande obligation, car je dois vous avouer à présent, que j'avais de grands remords ; cela me rendait si malheureuse que j'étais méchante. Je raillais pour avoir l'air bien décidée, mais je tremblais souvent à la pensée de la mort. On la craint bien quand on n'espère rien de bon dans l'autre monde. »

Notre Agathe eut la satisfaction, après bien des visites, de la voir tout à fait convertie ; elle devint pieuse, fervente ; elle fit une confession générale, et ne cessait de remercier notre sainte fille de lui avoir obtenu la grâce du jubilé. Elle fit une mort chrétienne après avoir édifié ceux qu'elle avait tant scandalisés.

On dit à Agathe qu'une famille de braves gens, autrefois mariniers, étaient réduits à la plus affreuse misère ; leurs équipages avaient été noyés dans une crue du Rhône ; (dans ce temps là c'étaient de forts chevaux qui remontaient les bateaux), ils avaient tous péri, ainsi que les marchandises qu'ils avaient en chargement ; les pauvres patrons avaient été entièrement ruinés. Ils avaient quitté leur pays où ils avaient été heureux, et ils étaient venus prendre un petit logement à Perrache, dans une baraque qu'on leur avait louée à bas prix. Le père, la mère et six enfants, vivaient de privations ; ils étaient accablés de misères de toute espèce ; ils étaient désolés, découragés. Le fils ainé qui était placé dans une manufacture, espérant gagner quelque argent pour aider ses bons parents, revint chez lui très-malade d'une gale que lui avait communiquée un ouvrier ambulant. Toute la famille eut bientôt cette affreuse maladie, et personne n'osait sortir de ce triste logis pour travailler, ni chercher du secours ; bientôt ils seraient tous morts de misère et de chagrin sans notre Agathe qui vint les visiter, les consoler, leur apporter du pain et des vêtements. Elle fut chez toutes ses connaissances demander du linge et un peu d'argent ; elle leur fit un remède qui les guérit tous, et ces braves gens, si tristes, si désolés, reprirent un peu d'espérance ; ils avaient eu honte de leur position et de leur misère, ayant été dans l'aisance, mais Agathe relevait leur courage ; elle leur disait : — « Votre position est malheureuse, j'en conviens, mais rien n'arrive sans la permission de Dieu, vous le savez bien. Vous avez tous de la religion, eh bien sanctifiez vos souffrances, n'en perdez pas le fruit; priez le bon Dieu avec ferveur, il ne vous abandonnera pas ; il vous enverra du secours, car il voit bien tout vos maux. Priez donc de tout votre cœur et espérez. Job a été fortement éprouvé ; il n'a pas murmuré et Dieu, pour récompenser sa foi, sa soumission, lui a rendu plus de bien qu'il n'en avait perdu ». — Et ces braves gens reprenaient courage et ils redoublaient leurs prières. Ils avaient un beau petit garçon de quatre ans qui souffrait beaucoup de la cruelle maladie qui désolait toute la famille ; il avait entendu les exhortations d'Agathe, et dès qu'elle arrivait, il se jetait à genoux devant elle, joignant ses petites mains enflées et pleines de boutons ; il voulait faire sa prière et disait son pater en *patois* et ajoutait : « faites moi envoyer une robe, des bas, des sabots ; » et l'enfant un jour fut exaucé, car la bonne Agathe eut soin de lui porter les objets dont elle voyait qu'il avait si grand besoin. Elle eut la satisfaction, après avoir guéri tous ces pauvres malades, et leur avoir procuré de l'ouvrage, de les voir sortir de la misère. Le père, qui était un très-brave homme, fut employé par des gens qui surent l'apprécier; les enfants ayant retrouvé la santé trouvèrent aussi de l'ouvrage, le bonheur revint dans ce ménage avec un peu d'aisance. Agathe eut la satisfaction de voir que toute cette famille, qu'elle avait tirée du désespoir, rendait grâces à Dieu de toutes ses bontés, et continuait à vivre dans sa paix, pratiquant toutes les vertus chrétiennes.

Agathe s'occupait activement de faire marier tous ceux qu'elle savait qui vivaient dans le désordre. Elle leur représentait le malheur qu'il y avait à vivre comme cela, et les engageait à se marier légalement à l'église et à la mairie;

elle faisait venir leurs papiers, avait un notaire qui passait les actes, et faisait légitimer les enfants ; elle se procurait des vêtements pour que les époux fussent habillés proprement ; enfin elle les instruisait de la loi de Dieu, de leurs obligations mutuelles de vivre en paix, de bien élever leurs enfants, et de leur donner toujours le bon exemple...

Elle les accompagnait à l'Hôtel-de-ville, à l'église et dans leur ménage où elle apportait de quoi dîner ; elle procurait de l'ouvrage et des ustensiles de ménage, quelquefois des métiers. Enfin, voyant tout ce qu'il y avait à faire, et ne pouvant suffire à tant de frais, elle avait prié quelques Messieurs très-pieux de vouloir bien se charger de cette entreprise si utile aux ouvriers. Ces Messieurs s'empressèrent de s'en adjoindre d'autres, et c'est à présent une association reconnue par toute la ville ; elle rend de grands services aux pauvres gens qu'elle ramène à l'ordre par une vie réglée.

Agathe veillait les malades, elle les servait avec une grande douceur, un zèle soutenu; nous avons connu une demoiselle malade qui a été veillée par elle à plusieurs reprises et pendant cinq à six mois de suite; elle avait un grand fauteuil pour se reposer pendant que sa malade n'avait pas besoin de soins, celle-ci faisait semblant de dormir et voyait sa bonne garde, se mettre doucement à genoux; elle priait de si bon cœur qu'elle était comme en extase devant Dieu. La malade nous disait : « Que je suis heureuse de l'avoir près de moi! il me semble que je suis servie par un ange. » La maladie s'étant prolongée pendant plusieurs années, Agathe lui continuait toujours ses soins. Une dame âgée et très-malade a été aussi servie pendant bien longtemps par la bonne fille qui l'entourait des soins les plus minutieux ; la dame qui était très-vive et qui souffrait beaucoup, n'a jamais pu faire perdre à sa bonne garde la douceur, la patience, la charité qu'elle possédait si bien. Après avoir passé toutes ses nuits à soigner les malades, elle allait à l'hôpital instruire les enfants qui, retenus pendant longtemps pour se faire guérir de leurs maux, étaient privés d'instruction religieuse ; elle allait deux fois par semaine voir ces enfants, elle leur portait des livres de prières, des catéchismes, des Evangiles ; elle chargeait ceux qui savaient lire d'apprendre et de faire réciter ceux qui ne savaient pas, elle récompensait le zèle des uns, et la bonne volonté des autres par toutes sortes de petits cadeaux ; aux filles, c'était des bonnets, des mouchoirs, c'était des camisoles, des pèlerines chaudes pour les pauvres femmes malades ; aux garçons c'était des bonnets faits avec des échantillons des morceaux d'étoffes qu'on s'empressait de lui donner ; aux petites filles c'était des poupées et des chiffons qu'elle leur apprenait à préparer et à coudre pour leur donner le goût du travail, et les rendre adroites ; aux tout petits enfants c'était des fruits ; pour les plus souffreteux c'était quelques friandises enfin elle se faisait toute à tous ; elle multipliait ses bienfaits, ses soins et ses conseils. Nous l'avons vue plusieurs fois à l'hospice de la Charité dans une grande salle où elle allait deux fois par semaine pour y faire la prière et le catéchisme aux enfants malades ; elle n'avait pas besoin de les appeler pour les réunir auprès d'elle ; dès qu'ils l'apercevaient, c'était à qui lui apporterait plus vite une chaise, à qui pourrait se placer à ses côtés. On s'empressait de réciter la prière et les chapitres qu'on avait appris, les tout petits quittaient leurs jouets pour se joindre aux grands, c'était plaisir de voir leur empressement à tous.

Agathe n'était sévère que pour elle-même ; sa vie était austère et bien remplie ; elle jeûnait deux fois par semaine toute l'année, et le carême tous les jours ; c'était pour le soulagement des âmes du purgatoire, ou pour obtenir la conversion d'un pécheur, ou en expiation des gourmandises que commettent journellement les gens qui ne s'occupent que de bonne chère. Pour elle jamais elle n'avait mangé des choses friandes. Quand on lui en donnait, elle les gardait pour ses pauvres malades. On lui avait porté des confitures et de belles pommes pendant sa dernière maladie ; on lui demandait pourquoi elle ne les mangeait pas ? « C'est, dit-elle, qu'on m'en a apporté qui ne coûtent qu'un sou les vingt-cinq, et ces belles je veux les donner à Mademoiselle Cajar, la maîtresse des Veilleuses de

Saint-Just, afin qu'elle les donne aux pauvres malades, souffrantes qui ne peuvent pas en acheter. »

On la plaisantait quelquefois sur ce qu'elle portait toujours de gros paquets de chiffons qu'elle utilisait selon leur qualité, les uns à panser les plaies, les autres à faire des bonnets si c'était bon, ou bien à faire des pièces pour raccommoder les pauvres ; enfin ce qui était en couleur servait à habiller les poupées.

— « Chère Agathe, lui disait-on, que de guenilles vous avez fait sortir des placards des Dames, combien vous en avez employé ! » — « Oui disait-elle, en riant, et je demande au bon Dieu, lorsque je paraitrai devant lui, et que mes actions seront mises dans la balance de sa justice, je le prie de permettre que toutes mes guenilles y soient mises pour faire poids. »

Un jour on lui donna un grand sac plein de

vieux livres qui étaient depuis longtemps dans un grenier; la charge était trop lourde, mais la bonne fille prie Dieu de lui envoyer un aide, car elle ne pouvait aller plus loin; elle était sur le pont du Change ou pont de Pierres, elle voit passer deux soldats qui allaient très-vite pour rentrer à la caserne : il était tard : « Mes braves militaires, leur dit-elle, aidez-moi je vous prie à porter ce sac qui est trop pesant pour moi; » Les soldats la reconnaissent, et sont joyeux de porter son lourd fardeau; tous deux voulaient s'en charger; ils arrivèrent à Fourvière lestement, et contents d'avoir aidé celle qui aimait tant à les obliger.

Un jour nous avons vu chez elle un jeune militaire qui venait changer des livres ; ce jeune homme avait un air fort distingué, de jolies manières, il paraissait être bien élevé, il avait les galons de sergent, et une personne lui dit : « Monsieur, vous êtes bien jeune pour avoir déjà les galons. » Il répondit gracieusement : — « Oui, c'est une faveur que je dois à Mademoiselle Agathe. » — « Comment ? lui dit-on, à Mademoiselle Agathe ? Nous n'aurions pas cru qu'elle eût tant de pouvoir, et qu'elle pût faire obtenir des grades aux militaires, il répondit : « C'est pourtant la vérité. »

« J'étais au collége à Paris, j'avais perdu ma mère depuis plusieurs années, je perdis mon père qui avait toutes mes affections, je n'avais que lui dans le monde, et sa mort me rendit bien affligé. Mes maîtres cherchèrent par tous les moyens à me consoler, ils m'entourèrent de soins et d'affections ; j'en étais bien touché, et j'étais très-reconnaissant ; ils me laissèrent ignorer que mon père avait éprouvé des pertes qui l'avaient entièrement ruiné.

Mes bons maîtres ne me laissaient manquer

de rien, ils fournissaient à tous mes besoins de vêtements et de livres. J'étais persuadé qu'on payait exactement ma pension puisque rien ne me manquait; mais un jour, un de mes parents venu de la province me dit : « Mon enfant, profite bien des bontés qu'on a pour toi, car tes maîtres se donnent beaucoup de peine pour te donner de l'instruction, et te mettre à même de prendre un rang honorable dans le monde. Ton père a éprouvé de grands revers, il avait perdu toute sa fortune, et depuis longtemps tes maîtres ne reçoivent point d'argent, malgré cela ils n'épargnent rien pour ton éducation, réponds à leurs soins... » Le jeune homme nous dit qu'il avait été bien touché des bontés de ses maîtres, qu'il en était très-reconnaissant, mais qu'il avait pensé qu'il ne fallait pas abuser de leur générosité ; il était allé de suite s'engager pour ne pas être plus longtemps à leur charge. Les maîtres furent très-fâchés de l'indiscrétion du parent qui avait dévoilé au jeune homme sa position. Ils se séparèrent avec regrets mais le jeune homme voulut tenir son engagement; il fut envoyé à Lyon, dans un régiment qui était caserné au fort Saint-Irénée.

Le capitaine à qui il était adressé le remit à un brave sergent, afin qu'il lui apprît ce qu'il avait à faire dans son nouvel état; le bon sergent le reçut comme un ami, et lui dit: « Nous allons d'abord faire visite à deux Dames, et demain nous commencerons les exercices de soldat. Le jeune homme ne voulait pas faire de visites avant d'avoir le costume militaire, mais le sergent voulut de suite faire ses visites en disant: « C'est la première chose à faire, et il n'y a pas besoin de toilette pour se présenter chez ces Dames qui sont très-bonnes; tâchez d'être toujours leur ami. L'une est notre Dame-de-

Fourvières, l'autre Mademoiselle Agathe qui prête des livres et qui donne de bons conseils aux soldats. » Le sergent conduisit le jeune homme à la chapelle de Fourvières, tous deux demandèrent à Marie de les protéger et de les bénir.

Le jeune soldat venait souvent chez Agathe qui lui donnait avec plaisir les conseils qu'il réclamait, et lui fournissait des livres qui l'intéressaient et l'entretenaient dans l'habitude du travail; il était bien élevé, très-exact dans son service, dans ses exercices, très-aimé de ses chefs et de ses camarades ; il eut bientôt de l'avancement, et il disait: « Vous voyez bien que c'est à Mademoiselle Agathe que je dois mes galons, c'est à ses bons conseils, aux bonnes lectures qu'elle m'a procurées que je dois d'avoir été distingué par mes chefs qui m'ont donné mes grades. » Il était sage, aimable et modeste, obligeant pour tout le monde ; son nom est Fortuné. Si il a continué comme il a commencé, il doit être officier distingué.

Agathe envoyait des livres dans toutes les villes de France ; à Brest, à Toulon, aux prisons civiles et militaires, à Gap, à Strasbourg, en Afrique, dans plusieurs villes ou provinces ; à Pondichéry, à Monsieur Bisson, aux missions étrangères, à Monseigneur Pompalier en Océanie occidentale, Nouvelle Zélande. Elle reçut beaucoup de lettres de missionnaires et d'évêques qui la remerciaient de ce qu'ils ont déjà reçu et la priaient de leur envoyer encore des livres. Elle s'occupait aussi beaucoup à leur procurer des costumes blancs pour habiller les sauvages qu'on devait baptiser.

Son association pour les bons livres était devenue si importante et reconnue si utile qu'on a établi des bibliothèques dans plusieurs quartiers de la ville. Mgr l'archevêque réunissait toutes les années les associés, leur donnait de précieux encouragements. On rendait compte des progrès et du bien que procuraient les différentes sociétés ; dans la dernière réunion, qui eut lieu quelques jours après la mort d'Agathe, Monseigeur témoigna le regret de n'avoir pas su que cette excellente fille était malade. « J'aurais eu le plaisir d'aller la voir, dit-il, et de donner ma bénédiction à celle qui a fait tant de bien, j'aurais été heureux de lui faire ma visite. »

Les militaires appelaient Agathe la *mère des soldats*, ils avaient en elle la plus grande confiance, ils la consultaient souvent. Quand ils quittaient la garnison ils allaient la remercier de toutes ses bontés, de ses bons conseils, et se recommandaient à ses prières, lui serraient la main en partant, quelques uns lui demandaient la faveur de l'embrasser, ce qu'elle ne leur refusait jamais ; elle en riait et disait que ces bons jeunes gens croyaient embrasser leur grand-mère! Ils la consultaient par lettres quand ils étaient éloignés; nous avons vu un grand nombre de ces lettres; on peut citer surtout celle de Poux, soldat à Paris, celle de Raoul, voltigeur au 33ᵉ, de Raoul qui donne à ses amis rendez-vous au ciel; de Saboul aux soldats ses camarades, la lettre de Serin, soldat, datée d'Auxonne du 30 septembre 1846; celle de Mgr Pompalier. Nous donnons à nos lecteurs la lettre du soldat Poux.

Tout pour Marie et par Marie.

Ma bonne mère,

Permettez que je vous donne ce nom, et Dieu ne vous a-t-il pas établie ma mère en ce monde, au moment où j'étais prêt à me perdre pour toujours ? Je profite de la venue à Lyon de ce bon soldat pour vous prier d'achever votre ouvrage que vous avez si bien commencé en me ramenant au bon Dieu.

Ma mère, au nom de Jésus-Christ, notre Seigneur, faites ce que je vous prie de faire.

Je suis dans une balance et ne sais quel parti prendre au sujet du désir prononcé que j'ai, tout malheureux que je suis, de me consacrer à Dieu toute ma vie. D'un côté, c'est dans la Congrégation des Sacrés-Cœurs de Jésus et de Marie que je me crois appelé, et d'un autre côté, c'est chez les Trappistes où mon penchant est plus prononcé ; de ce côté, le sacrifice me paraît plus grand et mieux propre à expier mes grands désordres passés. Une voix me dit, comme autrefois à saint Arsène : « Quitte le monde et tu seras sauvé. » Comme me trouvant dans une incertitude si difficile pour moi à décider, et craigant les piéges du démon, je vous prie de demander à Dieu, dans vos oraisons, ce que je dois faire, quel parti prendre. Je ne doute pas que Dieu ne vous fasse connaître la route que je dois prendre pour mieux le servir. Recommandez-moi aux personnes pieuses que vous connaissez, à Notre-Dame-de-Fourvières et, si vous le pouvez, au saint curé d'Ars. Adieu, ma bonne mère ; achevez votre ouvrage qui est déjà si bien commencé ; priez pour moi, et moi pour vous, et quand vous saurez quelque chose ne manquez pas de m'écrire ce que vous me conseillerez ; je le prendrai, car je croirai ne pas me tromper.

Je suis, en attendant votre réponse, votre tout dévoué et soumis serviteur,

Poux.

Le dragon qui vous remettra cette lettre est un homme très-pieux ; soyez aussi sa mère, il s'appelle Isore.

Mon adresse est à Poux (Henri), soldat au 6ᵉ de

ligne, 2e bataillon, 1re compagnie, à la caserne de Babylone, à Paris.

Ce bon sergent vous donnera des renseignements sur nos assemblées religieuses.

Paris, ce 23 mars 1850.

Agathe a conseillé au brave soldat la Compagnie du Cœur de Jésus, pensant qu'il y ferait plus de bien qu'à la Trappe.

Elle lui répondit que, puisqu'il s'en rapportait à elle, elle avait prié Dieu de décider ce qu'il devait choisir, et elle l'engageait à rester dans le monde, parce que son exemple pouvait être bien utile à ses frères; il pouvait y rendre des services, et y exercer la charité.

Agathe étendait sa charité sur tout ceux qui souffraient; son zèle, sa bonté, sa tolérance lui gagnaient tous les cœurs, et plusieurs protestants qu'elle assistait, avaient pensé que puisque la religion catholique donnait tant de vertus, ce devait être la vraie religion, ils ont voulu l'étudier, s'instruire ; ils l'on fait de bonne foi, et ils sont devenus, comme leur chère Agathe, fervents, zélés et bons chrétiens par conviction. Notre sainte fille en éprouvait une joie extrême et en remerciait Dieu de tout son cœur ; elle a vu avec bonheur, que ses chers protégés convertis ont persévéré dans leurs bonnes résolutions ; ils étaient si contents, que plusieurs personnes de leur famille ont suivi leur exemple. On la consultait souvent pour des choses importantes, ses avis étaient remarquables par la droiture de son jugement. Nous transcrivons une lettre qu'elle adressait à une personne désolée, qui lui demandait le secours de ses prières, et quelques conseils dans une position bien difficile ; la dame était au désespoir et pressait Agathe de lui dire si elle devait quitter son mari, sa maison, où, depuis quelque temps elle éprouvait des chagrins au-dessus de ses forces. Voici la réponse d'une pauvre fille sans instruction, mais animée de l'esprit de Dieu qu'elle invoquait avec confiance... Nous la transcrivons fidèlement, car les changements nuiraient aux citations et au style franc de cette bonne fille.

Vive Jésus, vive sa croix.

Lyon, le 18 Février 1840.

Madame,

L'honneur que vous me faites en vous adressant à moi pour vous donner des conseils et partager vos peines, me remplit de confusion et m'humilie. J'avoue mon impuissance pour décider une chose si délicate ; je ne saurais que vous renvoyer à votre directeur qui est plus à portée de connaître la route qu'il faut pendre. Si Monsieur votre mari reçoit cette malheureuse chez vous, il est certain que vous aurez bien à souffrir tous les jours, et de toutes les manières ; vous serez souvent sa domestique et son bouffon ; elle sera dans la joie ; vous, Madame, vous cacherez vos larmes, et les ferez monter vers Dieu qui les essuyera un jour et votre tristesse sera changée en joie, en attendant, il répandra dans votre âme humiliée, un baume salutaire qui adoucira toutes vos souffrances, et vous vous trouverez étonnée des forces que la grâce répandra en vous.

Si le bonheur de l'âme juste est de souffrir avec Jésus, son époux, et d'avoir quelque ressemblance avec lui, oh ! quelle gloire et quel honneur, Madame, de vous voir méprisée et abandonnée comme lui de ceux qui vous sont les plus chers au cœur ! Quel bonheur si vous pouvez digérer chaque jour toutes les amertumes qui nourriront votre âme, comme fit votre divin modèle qui, après sa résurrection, se rendit auprès de ses disciples, non pour leur faire des reproches sur leur abandon, mais pour leur porter sa paix; oui, oui, Madame, si votre mari s'est moqué de votre religion, vos vertus le forceront à penser autrement, quand il les aura toutes mises à l'épreuve.

Et quand vous aurez épuisé le calice que Dieu vous a préparé avant votre existence, car rien n'arrive par le hasard, il donne à tous une tâche à remplir plus ou moins honorable, plus ou moins facile, vous saurez que c'est l'aquiescement à sa divine volonté qui fait tout le mérite de l'homme, et du moment où il se soumet à porter son fardeau, la grâce vient le lui alléger; Dieu est un bon père qui ne nous laissera pas succomber sous le poids; une bonne maîtresse qui charge sa domestique, ne lui en donne pas plus qu'elle n'en peut porter, et Dieu qui ne nous perd pas de vue, nous relèvera dès qu'il nous verra chanceler, car il a dit : Mon joug est doux et mon fardeau est léger. Mais c'est toujours à côté de lui qu'il faut marcher et toujours lui demander ce qu'il aurait fait et dit en pareil cas.

Oh! si vous pouviez vous procurer *L'entretien avec J. C. dans les souffrances,* au 2e volume vous trouveriez de grands motifs d'encouragements, et puis si un jour passé sans souffrances est un jour perdu, quelle consolation de penser que l'univers rassemblé au jour du jugement verra toutes vos peines, et comme vous avez su conserver la paix au milieu de ceux qui la troublaient !

Saint Paul nous invite à nous réjouir par l'espérance des récompenses à venir; pourquoi ne sommes nous donc pas avides des humiliations et des croix qui feront notre fortune éternelle ? et si Dieu en a toujours tant en réserve pour ses amis, jusqu'à les faire monter sur l'échafaud, c'est qu'il en connaît le prix, et qu'il veut lui-même les consoler ; car saint Paul dans la prison, chargé de chaînes, disait : C'est trop de joie, Seigneur, je surabonde de consolations. Mais je ne crois pas que Dieu attende l'éternité pour changer votre sort, peut-être encore quelques années, et votre mari se convertira ; et, peut-être aussi la malheureuse qui est cause de tous vos chagrins.

Sitôt votre lettre reçue je les ai fait inscrire à la sacristie de Fourvières sur la liste des pécheurs sans les nommer ; et tous les samedis, on dit tout haut un *Pater* et un *Ave Maria*, à la première messe et à celle de dix heures, pour la conversion des pécheurs, en l'honneur de l'Immaculé cœur de Marie, cela produit d'heureux effets. Il y a aussi l'association du Rosaire vivant qui consiste à se réunir quinze personnes qui tirent chacune un mystère et récitent un *Pater* et dix *Ave* tous les jours ; c'est aussi pour la conversion des pécheurs, et dans l'assemblée du premier dimanche de ce mois, on a cité plusieurs conversions bien frappantes. Une dame priait beaucoup pour son mari avec qui elle était très-malheureuse ; elle fut dernièrement se jeter aux pieds d'une Sainte-Vierge, qu'on nomme *Notre-Dame-des-Sept-Dons*, dans l'église de Saint-Paul, à Lyon, et dans la simplicité de son âme, elle lui dit : Ma Mère, je ne vous demande pas sept dons, mais un seul, la conversion de mon mari. Le même jour, cet homme avait donné rendez-vous à la malheureuse qui était cause de tous ses chagrins ; elle manqua d'exactitude, la colère le prit, et il dit : « Puisque tout m'abandonne, j'abandonne tout. » Depuis lors, cet homme devint meilleur.

Une de nos conseillères a formé une section de quinze enfants à qui elle donne les noms de baptême de quinze pécheurs. Souvent il y en a un de converti.

Dans le mois de janvier dernier, une dame avait donné le nom de son mari à l'un de ces enfants ; elle avait été encouragée par quelques réussites.

Tout à coup elle voit son mari tout rêveur ; elle lui adresse quelques paroles, et il répond :

« Laisse-moi tranquille. » Quelque temps après, il lui dit : « Je parie que tu m'as fait inscrire à cette quinzaine. » Elle se mit à rire et lui dit : « En es-tu fâché ? » — « Non, mais je sens un besoin de me confesser, et je crains de ne pas bien le faire. » Il avait déjà parlé à un prêtre et devait se confesser le premier dimanche de février.

Un autre homme malade, qui n'avait jamais donné aucun espoir, s'est enfin confessé et a fait sa première communion à soixante-dix ans ; il est mort dans de bons sentiments.

Madame, adorons les desseins de Dieu qui conduit toute chose à sa fin par des voies qui nous sont inconnues, mais toujours pour notre plus grand avantage spirituel ; laissons-le faire. Qu'importe, pour le peu de temps que nous avons à passer sur la terre, un peu plus ou un peu moins de bonheur et de plaisir ; à la mort tout est passé, et dans un million d'années, la récompense sera toujours naissante ; vous ne voudriez pas changer votre sort. Courage ; aimez votre mari sans qu'il soit aimable, ce sera l'aimer en Dieu et pour Dieu. Aimez cette malheureuse, comme un portefaix aime le commissionnaire qui le charge d'un lourd fardeau, parce qu'à cette peine est attaché son bénéfice ; il se trouve malheureux quand on lui en préfère un autre.

Voyez aussi ces belles pierres de marbre que l'ouvrier prend et choisit pour être sciées, taillées, polies ; si elles étaient susceptibles et qu'elles pussent parler, elles diraient : Pourquoi tant de coups de marteau plus qu'aux autres ? Et on leur répondrait : C'est pour vous faire briller dans un palais.

Et voilà ce que Dieu fait envers les âmes qui doivent être distinguées pour l'édifice éternel. Il les fait tailler par les pécheurs, comme il le dit lui-même : « Je me servirai du méchant comme d'une verge pour châtier mon peuple, et je jetterai la verge au feu. »

Mais, pardon, Madame, ne suis-je pas trop longue et ne vous ennuyé-je pas par mes verbiages? Mais je termine en vous disant que vous êtes moins à plaindre que vous ne le croyez, car, enfin, pour quelques jours que l'on a à passer sur la terre, un peu plus ou un peu moins de joie et d'honneurs, à la mort tout finira, et pour vous alors brillera l'aurore et vous recueillerez plus en un an d'opprobre qu'en douze ans de félicité. Mais pour cela, il faut bien des grâces, et elles ne tombent pas comme la pluie; il faut les aller chercher dans les canaux d'où elles découlent, je veux dire dans les sacrements. C'est là le grain de sénevé, qui n'est rien en apparence, mais qui croît et forme un arbre qui résiste aux vents et aux tempêtes, et où les oiseaux du ciel viennent se reposer.

Mais, Madame, il faudrait bien que peu de personnes connussent vos affaires. Laissez ignorer les fautes de votre mari, pour être plus tranquille.

Ne parlez de cette femme qu'en bien ! Les femmes ont toujours quelques bonnes qualités ; il y aura toujours quelques *échos*, et vous serez moins malheureuse, et l'économie sera dans votre ménage. Si vous vous séparez, il emportera la paix et votre bonheur avec lui ; il vous restera les chagrins, la tristesse, et quelquefois sans bénéfice pour l'avenir, perte incomparable. Mais en restant unis, s'il arrive de la haine et de l'aversion dans votre cœur, vous vous souviendrez que s'il est pénible de passer quelque temps avec un mauvais sujet, que sera donc une éternité avec tout ce qu'il y a eu d'abominable depuis six mille ans ? Et cependant il n'y a pas de milieu, le ciel n'est que pour ceux qui pardonnent de bon cœur, et quelle plus grande assurance de pardon, lorsqu'on dit son *Pater*, que le témoignage de sa conscience qui vous placera d'avance dans le Ciel !

Puissé-je avoir le bonheur de vous y voir et d'admirer vos vertus et votre industrie qui vous auront procuré tant de richesse. C'est la demande que je fais au Seigneur dans la neuvaine que j'ai commencée avec huit autres personnes bien pieuses, afin de toucher le cœur de Dieu en votre faveur. Mais il est bien à propos que vous le fassiez vous-même, et comme les grandes grâces demandent de grands sacrifices, ce serait de faire une revue ou confession générale, parce que Dieu nous a dit : Confessez vos péchés, humiliez-vous ; qui s'abaisse, sera élevé.

J'ai l'honneur d'être, Madame, avec le plus profond respect,

La plus humble de vos servantes,
Agathe Tavet.

Agathe a fait du bien partout, sa douce charité n'avait point de bornes ; nous l'avons connue pendant plus de cinquante ans, toujours bonne, toujours occupée du bonheur spirituel et temporel du prochain ; elle excusait les défauts et priait pour les pécheurs. Un jour elle demandait du secours pour une pauvre femme dont le mari était paralytique ; on lui répondit que cette femme ne méritait pas sa compassion, qu'on lui avait retiré les aumônes de la paroisse, parce qu'elle avait détourné du linge dans une maison où on l'occupait.

Agathe fut affligée de cette circonstance mais elle insista pour que les deux vieux pauvres fussent secourus. « Cette malheureuse femme, dit-elle, a eu grand tort de dérober ce linge mais ce n'est pas une raison pour la laisser souffrir, ainsi que son mari ; croyez-moi, il faut bien plus de vertu quand on est pauvre, qu'on manque de tout et qu'on voit un vieillard qu'on ne peut soulager dans sa misère ; la tentation est terrible. Quand on est riche, quel mérite y a-t-il a être brave, honnête ? probe quand on ne manque de rien ? Mais le pauvre qui voit souffrir ceux qu'il aime et qui ne peut leur procurer le nécessaire, a bien tort sans doute de dérober, il fait une mauvaise action, mais il lui faut bien du courage, une grande vertu pour résister à la tentation ; il a bien plus de mérite qu'une personne riche en faisant de grandes aumônes qui ne sont que son superflu, ou en faisant quelques beaux traits de générosité et de désintéressement. » La femme pour laquelle Agathe demandait était réellement bien malade, son mari aussi ; elle obtint pour eux des secours, et une réconciliation complète avec ceux qui avaient eu à s'en plaindre. Ils moururent tous deux dans de bons sentiments.

Sur la fin de sa vie notre brave Agathe a éprouvé bien des douleurs, bien des maux. Dieu lui a fait part de son calice d'amertume ; elle a eu des chagrins, mais elle ne se plaignait jamais.

Un jour, une belle Dame se présente chez elle pour causer, dit-elle, de choses *édifiantes ;* elle lui parle des Saints dont elle a lu la vie avec tant de plaisir, elle veut les imiter, elle veut ne plus s'occuper que de son salut. Tout-à-coup elle prie Agathe de lui rendre un service, en faisant des excuses sur le dérangement qu'elle lui cause ; elle voudrait boire un verre d'eau bien fraîche, parce qu'elle est fatiguée. Agathe s'empresse d'aller chercher l'eau qu'on lui demande; pendant ce temps la dame ouvre l'armoire et prend dans le tiroir cent francs, qui n'étaient pas à notre bonne fille. Agathe fut bien affligée parce qu'elle ne savait où prendre pour rendre cet argent qu'on lui avait confié ; elle ne voulait pas en parler de peur de manquer de charité ; elle était bien peinée de voir combien cette belle dame avait offensé le bon Dieu par son vol et son hypocrisie ; enfin, elle en gardait le secret et finit par tomber malade. Elle eut une fièvre qui ne lui laissait point de repos ; elle souffrit beaucoup. Elle était bien résignée et se préparait sans effroi à ce passage que tant de gens redoutent.

Nous l'avons visitée souvent ; elle était toujours gracieuse, accueillante, et nous disait : « Faisons tout pour aller au ciel. » Ses braves militaires venaient tous les jours demander de ses nouvelles ; ils étaient bien affligés de ce qu'on leur disait qu'elle était toujours très-malade. Le médecin avait défendu de les laisser venir près d'elle ; il ne voulait pas qu'on la fît parler. Ils s'en allaient tristement et bien fâchés de ce qu'elle n'était pas guérie. « C'est étonnant, disaient-ils, nous prions pourtant bien à la caserne pour que le bon Dieu nous la conserve, pour qu'elle revienne en bonne santé. » Un seul de ces braves soldats était admis près de la malade. Il se gardait bien de la faire parler, mais il l'avait vue et il était satisfait quand elle lui avait montré le Ciel avec un geste de la main.

La veille de sa mort, arrivée le 1er décembre 1850, une personne bien inquiète fut la voir, et lui recommander une affaire qui désolait une famille. On ne pouvait pas faire un payement à un monsieur riche qui menaçait de faire des frais. Elle n'hésita pas à répondre : « Ne craignez pas cela et tranquillisez ces personnes; ce qu'elles craignent n'aura pas lieu, je vous promets qu'il ne leur sera pas fait de chagrin. » En effet, la personne qui avait fait la menace écrivit une bonne lettre pour rassurer les personnes et dire qu'on était fâché d'avoir fait de la peine et qu'on attendrait. Agathe ne connaissait pas ce monsieur, seulement elle savait qu'il était pieux et bon chrétien; la prophétie eut son entier accomplissement. On lui dit que plusieurs personnes, plusieurs familles se recommandaient à ses prières : « Dites-leur, répondit-elle, que je ne les oublierai pas, elles peuvent en être assurées. » Que de grâces elle a déjà obtenues pour des personnes qui étaient dans la peine, nous pouvons l'affirmer, ayant nous-même plusieurs fois éprouvé les bienfaits de son intercession.

Une dame qui avait son fils officier dans un régiment qui était à Rome, fit le voyage pour aller voir ce fils. Cette dame était de Lyon ; elle reçut la visite d'un brave militaire qui vint lui demander des nouvelles de la mère des soldats. Cette dame lui dit qu'elle ne la connaissait pas. Le militaire fut très-étonné que la dame de Lyon ne connût pas cette bonne demoiselle Agathe, qui reste à Saint-Just, au n° 8 ; celle qui rend tant de services à la garnison en prêtant des livres. Il priait cette dame de vouloir bien se charger de remettre à sa bonne mère Agathe un chapelet bénit par le Saint Père le Pape. La dame lui dit qu'elle en ferait bénir un, et qu'elle aurait le plaisir de le remettre à Agathe; mais le brave soldat ne voulut pas cela, il n'aurait pas été content qu'un autre que lui fournît son cadeau qu'il était si heureux de préparer lui même. « C'est moi qui veux acheter le chapelet et le faire bénir au Saint-Père, disait-il, je serai heureux de lui envoyer ce petit souvenir. Elle a été si bonne pour moi ; par ses exhortations et ses prières, elle m'a retiré du vice, elle m'a réconcilié avec le bon Dieu, je veux lui témoigner ma reconnaissance et lui faire savoir que je n'ai pas manqué à mes promesses envers Dieu et envers elle, Agathe ; elle sera contente d'avoir de mes nouvelles, elle priera Dieu pour moi. »

La dame vint apporter le chapelet qui fit grand plaisir à la pauvre malade ; elle le gardait toujours à son bras et le disait avec ferveur pour ses bons militaires. La dame avait oublié le nom du soldat, mais Agathe disait : « Le bon Dieu le connaît et voudra bien lui accorder les grâces que je demande pour lui, la persévérance dans le bien. »

Que de choses il y aurait encore à dire. Dieu seul a connu toutes les vertus de notre sainte fille. Toute sa vie était occupée à adorer Dieu et à aider, servir et consoler le prochain. Puissions-nous, par son intercession, obtenir toutes les grâces qui font les saints, et nous trouver avec elle pour bénir Dieu et l'aimer pendant toute l'éternité.

Lyon. — Imp. d'Aimé Vingtrinier quai Saint-Antoine, 36.